# HOGAR

© C. Baxter Kruger, Ph.D. 1994

Hogar
ISBN: 978-1-960761-04-0
Written by C. Baxter Kruger
© C. Baxter Kruger 2023
Publicado por primera vez en 1994, republicado en 2023

## Acerca del Autor

Baxter ha estado casado con Beth durante 40 años. Tienen cuatro hijos y cuatro nietos y viven en Brandon, Mississippi. Recibió su Ph.D. en Kings College, Universidad de Aberdeen en Escocia bajo la dirección del profesor James. B. Torrence. El Dr. Kruger es autor de 9 libros, incluidos los éxitos de ventas internacionales, El Regreso a la Cabaña, Patmos, y su primer libro pequeño, La Parábola del Dios que Danza, numerosos ensayos, cientos de horas de enseñanza y una variedad de estudios en línea —todo disponible en perichoresis.org.El Dr. Kruger ha viajado por el mundo durante 30 años proclamando las buenas nuevas de nuestra inclusión en Jesús y su relación con su Padre en el Espíritu. Le gusta cocinar cangrejos de río, tallar a mano señuelos de pesca, jugar al golf y le encanta pasar tiempo con sus nietos.

Diseño de portada: Tom Collins, South Australia
Diseño y Diagramación: Karen Thompson, Western Australia
Traducción y edición al español: Marisol Barrera, Colombia

# Otros Títulos Disponibles Del C. Baxter Kruger:

## Una nota sobre la palabra *Pericoresis*

La aceptación genuina elimina el miedo y el escondite, y crea libertad para conocer y ser conocido. En esta libertad surge un compañerismo y un compartir tan honesto, abierto y real que las personas involucradas habitan unas en otras. Hay unión sin pérdida de identidad individual. Cuando uno llora, el otro siente el sabor a sal. Es solo en la relación Trina de Padre, Hijo y Espíritu que existe una relación personal de este orden, y la Iglesia primitiva usó la palabra "pericoresis" para describirla. La buena noticia es que Jesucristo nos ha atraído dentro de esta relación, y su plenitud y vida deben desarrollarse en cada uno de nosotros y en toda la creación.

For more information on Baxter Kruger or Perichoresis, visite nuestro sitio web
www.perichoresis.org

A mi hija
CAROLINE WILLIAMS KRUGER

y a mis abuelos
JAMES E. BAXTER
THELMA F. BAXTER

que ahora conocen como son conocidos

# CONTENIDO

# Prólogo

El Hogar, como nos quieren hacer creer los proveedores de la tradición popular y los vendedores ambulantes de música romántica, es donde está el corazón. Esta es una imagen popular pero en última instancia auto-engañosa que resuena con el espíritu individualista y egoísta de la cultura occidental, y sirve convenientemente para justificar nuestra determinación de elegir por nosotros mismos dónde y con quién estaremos, dando forma a nuestras propias identidades. Baxter Kruger ofrece una versión diferente del asunto para que la consideremos en este libro. Sugiere que el hogar es el lugar al que pertenecemos, y que bien puede ser un lugar bastante diferente del actual foco temporal de nuestros anhelos, deseos y añoranzas. En la práctica, a menudo lo es, lo cual es parte de la razón de la profunda sensación de alienación y soledad cósmica que tanta gente siente en la vida. Al unirnos emocionalmente ahora a este y luego a ese anfitrión sustituto, distrayéndonos con toda forma de experiencia narcótica, anhelamos una satisfacción cada vez más profunda y no reconocemos nuestra condición inquieta e insaciable por lo que es: una forma de melancolía existencial.

¿Dónde, entonces, está el hogar? ¿Cuál es la fuente del "sueño inconsolable" que nos asalta en medio de nuestra dislocación y perdición? El Dr. Kruger no nos deja ninguna duda sobre su identidad. El hogar no es tanto un lugar, sino un conjunto de relaciones dentro de las cuales pertenecemos propiamente (y dentro de las cuales realmente existimos ya sea que nuestro estilo de vida reconozca y refleje el hecho o no), es decir, nuestra identidad como hijos e hijas de un Padre Celestial. , hermanos y hermanas de un Hijo eterno que ha hecho suya nuestra suerte para compartir con nosotros el amor de su Padre en nuestra orfandad, y destinatarios de un Espíritu que nos da la fe para abrazar con ambas manos nuestra herencia filial y regocijarnos en eso. Ahí es donde verdaderamente pertenecemos, y hasta que no esté también donde esté nuestro corazón, seguiremos inquietos e insatisfechos, viviendo una mentira y sin poder saciar la sed existencial que ella genera.

Este, entonces, es un libro sobre el evangelio. Pero es un libro escrito tanto para los que están dentro de la iglesia como para los que están fuera de ella.

Porque la triste verdad del asunto es que la gran mayoría de los hombres y mujeres cristianos, por la razón que sea, aún no se han aferrado adecuadamente a la verdad contenida en la poderosa metáfora en torno a la cual se teje este libro. No nos percibimos, ni en nuestros corazones ni en nuestras cabezas, como si realmente perteneciéramos a Dios. Con demasiada frecuencia, el Dios que se predica desde nuestros púlpitos, y que habita en nuestra imaginación cristiana, es un Dios que en el fondo está contra nosotros y no a favor nuestro, que espera una oportunidad para condenarnos o desecharnos, en lugar de abrazarnos. y restaurarnos y curarnos.

La parábola que Jesús contó sobre el hijo descarriado que tomó su herencia antes de tiempo y se fue de casa se puede leer de muchas maneras diferentes. Visto desde un ángulo, la historia del acercamiento del hijo a su "hogar" puede verse como una parábola de la religiosidad cristiana. Pensamos que donde realmente pertenecemos es con los cerdos en el país lejano, y nos acercamos a Dios con la mera intención de recibir un lugar como jornaleros en su casa. De alguna manera, aunque conocemos los hechos gloriosos del evangelio, que el becerro cebado ha sido sacrificado, que el anillo ha sido puesto en nuestro dedo y zapatos nuevos en nuestros pies, que se ha preparado un banquete en nuestro honor, nosotros no podemos conectarnos con todo esto en nuestro corazón. No podemos, quizás no nos atrevamos, a creer que aquel a quien el Padre sale al encuentro cuando aún está lejos, sondeando las profundidades del mismo infierno, y lleva a casa gozoso, somos en realidad nosotros. ¿Se tratará de algún error? ¿Seguramente debe ser alguien más?

Al igual que el rey David, necesitamos escuchar la declaración profética: "Tú eres el indicado". Esta parábola se trata de ti y no de otra persona. Todavía tenemos que aceptar el hecho de que así es nuestro Dios, que aquí (y no en la pocilga) es donde pertenecemos, y que nada de lo que hayamos hecho o podamos hacer cambiará eso. Lo que Dios ha hecho por nosotros en Jesucristo no se puede deshacer ahora. Si no tenemos claro esto, entonces trabajamos bajo la carga de una imagen de Dios inadecuada y francamente sub cristiana -un Dios muy diferente del revelado en Jesucristo- y es una carga abrumadora, demasiado pesada para poderla soportar.

Este libro busca compartir la liberación de los cristianos de esa falsa carga. Aborda temas y doctrinas en el corazón mismo de la teología cristiana: trinidad, encarnación, expiación, etc. Sin embargo, lo hace de una manera que conecta maravillosamente estos temas con el mundo real de la vida cristiana bajo Dios, en lugar del ambiente seco y polvoriento del libro de texto. Y lo hace de una manera que los muestra como un componente vital del evangelio mismo. El estilo es claro y vivo, y está lleno de ilustraciones y ejemplos que enraízan firmemente el argumento en la red de nuestra existencia compartida como seres humanos. Mi esperanza es que pueda usarse para ayudar a muchos, tanto dentro como fuera de la iglesia, a encontrar el camino a nuestro hogar.

Profesor Trevor Hart
Colegio de Santa María
Universidad de St. Andrews

## CHAPTER 1

# El Sueño Inconsolable[1]

*Hogar* es una de las palabras más evocadoras e inquietantes de nuestro idioma. Como cualquier otra palabra, es simplemente un arreglo de consonantes y vocales, pero posee la extraña capacidad de decirnos mucho y una habilidad casi mágica para tocar nuestras almas. ¿Por qué es esto? ¿Qué tiene esta palabra? ¿Por qué parece tener una habilidad tan especial para tocarnos tan profundamente?

Si buscamos una definición en los diccionarios, encontramos que uno de los usos más comunes de *hogar* es como sinónimo de "habitación" o "casa". El hogar es el lugar donde se vive o se habita, nuestra residencia fija. Hogar también funciona como sinónimo de "origen". Estados Unidos es el hogar del béisbol. París es el hogar de la moda. En los deportes, el hogar se usa a menudo para referirse al gol o al final del juego. Llegar al hogar, por ejemplo, es el objetivo del béisbol. En el golf, los últimos nueve hoyos se denominan la mitad del regreso al hogar y el decimoctavo green a menudo se considera cariñosamente como el hogar.

---

1  La frase *"el sueño inconsolable"* debe mucho a la frase de C. S. Lewis *"el secreto inconsolable"* que se encuentra en su estimulante ensayo, *"El peso de la gloria"*. Véase su libro, El peso de la gloria y otras direcciones (Grand Rapids: Wm. B. Eerdmans Pub. Co., sexta edición, 1975), pág. 4

Si bien todos estos son usos comunes y técnicamente correctos de la palabra, todos saben que son periféricos a otro significado. Más allá del hogar como el lugar de residencia o el origen de algo o la meta hacia la cual algo se mueve, queda un significado más profundo que está enlazado en el tejido de algo muy profundo dentro de nosotros y querido por nosotros. Y es este significado más profundo el que explica el poder especial de la palabra.

Por supuesto, la pregunta del millón es ¿cuál es este significado más profundo? ¿Y por qué es más profundo? ¿Por qué es tan querido para nosotros? Aquí radica la dificultad, ya que son las respuestas a este tipo de preguntas las que resultan tan frustrantemente esquivas. Parecen imposibles de captar y reducir a un pensamiento claro. Pero tenemos algunas pistas en la dirección correcta.

La mejor, para mí, es la forma en que a veces usamos el *hogar* como un sinónimo de estar en el elemento de uno: "Holley se siente como en casa cocinando". Cuando hablamos de alguien (en este caso Holley), que está en su elemento, queremos decir mucho más que simplemente que está en el lugar correcto. Queremos decir que ella está donde pertenece. Queremos decir que está en su nicho, en un ambiente que le es bastante natural, hecho a su medida, tanto que no hay el menor atisbo de extranjería o alienación. No hay viento en contra, por así decirlo, no hay interferencias ni trámites burocráticos, no hay mentira contra la corriente como a veces le sucede a un buen tiro en el golf. Todo es correcto, adecuado, perfectamente combinado.

Como la idea de "paz", que significa tanto la ausencia de conflicto como la presencia de totalidad, "estar en nuestro elemento" significa tanto la ausencia de frustración y sofocación como la presencia de florecimiento y prosperidad. Todo está en armonía, sincronizado y como niños jugando, espontáneos, fluyendo libremente, totalmente sumidos en la autoconciencia.

Tomar nota de la conexión entre "hogar" y "estar en nuestro elemento" nos ayuda a ver que el significado más profundo de *hogar* tiene que ver con estar donde pertenecemos, donde las cosas están bien para nosotros. Además, nos ayuda a comprender que el hogar tiene que ver con la espontaneidad, el florecimiento y el florecimiento de esa pertenencia. El hogar es donde las cosas se adaptan tan bien a nosotros que no solo estamos en paz, sino que prosperamos y somos libres para disparar a toda máquina.

Pero ahora surge otra pregunta: ¿Cuál es la "pertenencia" de la que estamos hablando aquí, la pertenencia que genera el florecimiento humano? ¿Cuál es el "elemento" que produce tal espontaneidad y gozo brillante? Es bastante correcto decir que los libros pertenecen a una estantería y que una pelota de golf pertenece a los palos de golf, pero obviamente este tipo de pertenencia nos deja muy lejos del tipo que genera el florecimiento humano.

Algo sucede con el matiz de la palabra "pertenencia" cuando la sacamos del contexto de los libros y las estanterías y la trasladamos al contexto humano. Se introduce un nuevo nivel de significado. La idea se vuelve personal y relacional. Con los libros y las estanterías, la pertenencia tiene que ver con la tradición y la costumbre: una estantería es donde siempre se han colocado los libros. También tiene que ver con el diseño y la congruencia física inanimada: las estanterías están diseñadas para acomodar libros.

Por supuesto, podríamos usar correctamente "pertenencia" en este sentido de los seres humanos: pertenecemos a la tierra, a un entorno de luz solar, aire y agua. La tierra y la vida humana están diseñadas la una para la otra, físicamente correctas. Sin embargo, queda otro nivel de significado cuando hablamos de la "pertenencia" de los seres humanos, especialmente cuando hablamos de ello en el contexto de florecer y prosperar. ¿No reside la clave en la forma en que las ideas de florecer y prosperar de alguna manera nos empujan a traducir "pertenencia" a una relación personal? ¿No es "estar en nuestro elemento" no meramente florecer y prosperar de cualquier tipo, sino el florecimiento y la prosperidad particular de una relación correcta con otra persona? ¿Y no es esto lo que la palabra *hogar* realmente significa para nosotros, *pertenecer a otra persona, florecer y prosperar* en esa pertenencia?

Pero luego hay otra pregunta: ¿qué significa pertenecer a otra persona? ¿Hablamos de la amistad, del acontecimiento del noviazgo o de la institución del matrimonio? Obviamente, la pertenencia implica una relación hasta cierto punto. Pero incluso aquí no se trata simplemente de una cuestión de relación *per se*. Porque las relaciones fácilmente podrían ser meramente tolerables como cuando Mabel "simplemente sonríe y aguanta" a Fred. O podrían estar adornados exteriormente, ser políticamente correctos y actuar según el libro, pero vacíos.

La pertenencia humana que produce en nosotros florecer y prosperar tiene que ver con una relación de *hospitalidad personal*. Ambas palabras necesitan ser enfatizadas. La "hospitalidad" nos lleva a la arena de ser bienvenidos. No se nos ignora ni se nos pasa por alto, no se nos rechaza ni se nos abandona, sino que se nos nota personalmente. Se reconoce nuestra presencia y se nos llama por nuestro nombre. Y en el llamado de nuestro nombre no somos simplemente soportados, sino bienvenidos; no descuidados, sino recibidos, aceptados y abrazados. Y al "personal" hace que nos demos cuenta de que lo que se acepta y se recibe no es un trozo de leña o un dato o una imagen exterior, sino una persona. No *somos* ignorados, sino bienvenidos.

Muchos niños conocen ese espantoso pavor que relampaguea en su ser cuando los llaman solemnemente por su nombre completo. La sensación de puro problema cortocircuita cada chispa de libertad y patea la transmisión a toda marcha de expiación, salto de aro, la actuación de "haré cualquier cosa". Hay, huelga decirlo, hay un cese radical de la libertad de ser uno mismo.

Pero la "pertenencia" de la que aquí hablamos nos mueve en sentido contrario. La vocación de pertenencia nos invita, nos convoca, más aún, nos ordena y nos libera, de hecho, a desvelarnos y darnos a conocer. Hay algo en la llamada que nos libra del miedo y la vergüenza, que nos quita la reserva y el recelo, que mata la tentación de usar máscaras o camuflajes. Porque *somos* llamados, no una forma disfrazada de nosotros mismos o la proyección de una imagen aceptable, sino el nosotros real. *Somos* tocados, invitados y convocados.

Sin duda, un componente clave para ser llamado así es la aceptación. Es la aceptación la que desencadena la libertad de mostrarnos, relajar toda pretensión y simplemente ser quienes somos. La pertenencia de los seres humanos que da lugar al florecimiento tiene que ver con ser llamados a tal aceptación. Pero la pertenencia implica más que la aceptación, por crítica que sea. La aceptación sigue siendo demasiado neutral. Hay que decir más. El orgullo en los ojos de nuestro padre, la calidez tranquilizadora y la seguridad del toque de nuestra madre, y la llamada liberadora de nuestro nombre sin duda expresan ser notados, aceptados y abrazados, pero expresan mucho más, ¿no es así? Expresan ser apreciados y valorados. Expresan ser *queridos*.

Ahora vamos al meollo del asunto. Porque ser querido significa ser objeto de puro deleite, la niña de los ojos de alguien. Significa ser apreciado, atesorado. Sin la idea de ser apreciado, "pertenecer" se parece demasiado a la Coca-Cola Light sin cafeína: adecuada, pero corta en cuerpo, profundidad y sabor. Pero "querido", este es el intangible que llena la "pertenencia" con "*florecimiento*" y "*gozo próspero*". Porque nos dice que detrás de ser notado y detrás de ser llamado por su nombre y aceptado, se encuentra un afecto puro.

Hace algunos años hubo una entrevista en la televisión con un famoso entrenador de baloncesto. En el transcurso de la entrevista, la discusión pasó del éxito del entrenador en la cancha a su relación con su hijo, que tenía una discapacidad física. Cuando el entrenador expresó su afecto por su hijo, el entrevistador le dio un giro condescendiente, "sientes pena por él". Esto sucedió varias veces y el entrenador estaba cada vez más perturbado. Finalmente dijo: "¡Mira! No solo amo a mi hijo, él me *gusta*".

¿No es este el punto? Cuando se usan las ideas de "elemento" y "pertenencia" de los seres humanos, no solo se convierten en palabras relacionales, se convierten en palabras del *corazón*. En el contexto de las personas, "pertenecer" habla de algo más allá de la ausencia de conflicto, más allá de la tolerancia, más allá de ser notado, aceptado y conocido. Habla del círculo interno de la devoción y adoración de alguien. Y más que eso, habla de estar en ese círculo, de ser querido, deseado y anhelado. "Pertenecer" trata de hablarnos de ser notados a través de ojos de afecto y deleite, de ser llamados por nuestro nombre por alguien que se complace en nosotros. Está tratando de hablarnos acerca de ser adorado, apreciado y amado.

Ahora bien, ¿qué nos sucede cuando nos encontramos con

tal afecto? ¿Nos desinfla? ¿Nos hace sentir solos, tristes? ¿Nos hace sentir perdidos, vacíos, sin esperanza? No, nos acelera. Un encuentro con tanto cariño nos emociona y nos libera. Crea un útero de seguridad, protección y esperanza en el que florecemos y nos elevamos.

Ahora bien, ¿no es esta emoción y liberación, este florecimiento y elevación el significado más profundo y esquivo del *hogar* para nosotros?

El hogar no es un mero lugar o un estado estático. Es un acontecimiento del ser. El hogar es lo que sucede en nosotros y a nosotros cuando somos convocados por la atención encantada de otra persona. Ser convocados aviva nuestro verdadero yo, excava en la raíz de nuestro temible escondite, atraviesa las definiciones que nos traducen en actores y nos llama a ser. Ser convocados desencadena un acontecimiento de autenticidad, de libertad para ser nosotros mismos, para expresarnos y darnos. Ser convocados genera un acontecimiento de realidad, de ser simplemente lo que somos.

Pero extrañaríamos el bosque por los árboles si nos detuviéramos aquí. Porque el hogar no es unidireccional, ¿verdad? El hogar implica un segundo movimiento además del ser notado, llamado y apreciado y la libertad de ser que desencadenan estas dinámicas. También implica que notemos y deseemos a los demás, que los llamemos por su nombre y que los aceptemos y apreciemos a cambio. Y, por lo tanto, el hogar se trata de la realidad que surge en tal reunión, la vida que se enciende en la mezcla de tal aceptación y deleite mutuos.

El hogar es lo que sucede cuando somos notados y notamos, cuando somos aceptados y aceptamos, apreciados y apreciamos. El hogar es la realidad misteriosa que surge cuando *somos* convocados por la aceptación encantada de otra persona y *ellos* son convocados por la nuestra. Y el ser convocados mutuamente converge en una fraternidad espontánea, floreciente y próspera. ¿No es el hogar, en su sentido más profundo, el concierto de tal encuentro, la *danza de la vida* nacida en la convergencia de tal convocatoria mutua?

¿Quién no quiere experimentar el hogar? ¿No es este el anhelo de nuestros corazones? Uno sospecha que podemos haber tropezado con el secreto de la habilidad casi mágica de la palabra para hablar y conjurar. No es realmente magia en absoluto, ¿verdad? No hay poder en la palabra misma. No puede llegar a nuestros corazones. No puede traernos nada ni tocarnos, ni decirnos nada, para el caso. Lo que puede hacer es hacernos conscientes de algo que ya está vivo dentro de nosotros.

¿La aparente magia de la palabra no radica en la forma en que nos recuerda esos momentos en los que *saboreamos* la alegría floreciente y próspera de tal pertenencia? Su maravillosa capacidad para decirnos mucho, ¿no proviene realmente del hecho de que reproduce las veces que *conocimos* esa seguridad, esa protección, ese afecto, esa adoración, o cuando fluían a través de nosotros hacia otro, o cuando bailábamos en su compañerismo?

¿El peculiar poder del *hogar* para tocarnos no es causado por la forma en que nos hace sentir el dolor de saber que solo hemos *escuchado rumores* de tal relación, que solo hubo *momentos* en los que bailamos?

¿Su capacidad de obsesionarnos no radica en el hecho de que es la colección particular de cartas la que desencadena el recuerdo de nuestro sueño inconsolable -ser bautizados inmersos[2]

---

2 Entre paréntesis, N del T

en tal pertenencia- y así desatar el miedo más profundo de que nuestro sueño nunca se cumplirá, que sí es inconsolable, que nos quedaremos fuera y nos perderemos el baile?

# CHAPTER 2

# El Misterio

¿Hemos respondido realmente a nuestra pregunta sobre el poder de la palabra *hogar*? Hasta cierto punto, sí. Pero hay que decir más. Para empezar, hay que pedir más. ¿Por qué tenemos tanto anhelo dentro de nosotros? ¿Por qué nos afligimos con tal sueño? ¿Por qué no seguimos con la vida como los animales? ¿Por qué el simple hecho de estar aquí, el simple hecho de estar vivos, no nos satisface, nos emociona y nos llena?

¿No hay algo más que decir aquí sobre la nido de la palabra? No es sólo que la palabra desencadene el recuerdo de nuestro sueño inconsolable de pertenecer; también, y quizás más importante, desencadena la *fe* en los lugares secretos de nuestros corazones de que no es un sueño en absoluto, sino nuestro *destino*.

¿No es esta la verdad? ¿No *creemos* que se *supone* que debemos tener este tipo de relación? ¿No creemos que este es nuestro elemento, *nuestro* elemento? ¿No creemos en tal bautismo inmersión[3]? ¿Pero por qué? ¿Quién nos dijo tal cosa? ¿Cómo hemos llegado a esta conclusión? ¿De dónde sacaríamos tal creencia?

El sueño inconsolable no es obra nuestra. No tiene su origen

3 Entre paréntesis, N del T

en nosotros. El sueño es el eco de la eterna palabra de Dios que nos habla en Jesucristo. Nuestro anhelo es fruto del testimonio del Espíritu susurrando nuestra adopción, proclamándonos que efectivamente existe tal relación y que hemos sido incluidos en ella. Nuestro sueño de pertenecer a otro, de morar en esa pertenencia, nuestra creencia de que estamos destinados al concierto y el miedo inquietante de perdérnoslo surge del hecho de que no es un sueño en absoluto sino la verdad.

Hay un versículo intrigante en el Evangelio de Juan, capítulo 14, versículo 20, en el que Jesús dice: "En aquel día sabréis que yo estoy en mi Padre, y vosotros en mí, y yo en vosotros". El "día" del que habla Jesús es el día del Espíritu. Jesús está diciendo que después de que su obra haya terminado, se dará el Espíritu para que nos dé testimonio de lo que él ha logrado. "En aquel día *lo sabréis*". Aquí está el origen de nuestro profundo anhelo. En primera instancia, es el resultado de lo que Jesucristo ha hecho de nosotros. En segundo lugar, es el resultado del hecho de que estamos siendo llamados en el Espíritu. Jesucristo es nuestro hogar y nos está hablando en el Espíritu para asegurarse de que lo sepamos.

Para obtener una mayor claridad sobre esto, tenemos que tomarnos el tiempo para pensar en las otras partes de esta declaración.

La declaración de Jesús se divide en tres frases: "Yo estoy en mi Padre", "tú en mí" y "Yo en ti". El punto central es la notable relación de Jesús con su Padre. A esto añade el hecho asombroso de que nosotros estamos incluidos en él (tú en mí). Y luego dice que su relación con su Padre está obrando ahora en nosotros, buscando formarse en nosotros (yo en vosotros).

**"Yo estoy en mi Padre"**. ¿Es extraño, verdad, hablar de estar "en" otra persona? Nuestra expresión normal de unión es usar la palabra "con". Juan está *con* Laura. Jesús, sin embargo, no dice que está "con" su Padre; dice que está "en" su Padre. Este es un lenguaje especializado. Está diseñado para que nos detengamos y reflexionemos sobre la naturaleza de la relación de Jesús con su Padre. La pequeña preposición "en" nos dice que algo bastante excepcional y maravilloso está pasando entre el Padre y Jesús.

La iglesia cristiana siempre ha creído que Dios no está, estrictamente hablando, solo. Sin duda hay un Dios, pero este Dios existe en una relación, en una relación de tres personas. Muchos se han tirado de los pelos tratando de entender cómo *tres* pueden ser iguales a *uno*. Si toma tres libros y los pone juntos, seguirán siendo tres libros sin importar cuánto los presione juntos. Puedes apilarlos uno encima del otro y colocarles una piedra de diez toneladas, pero seguirán siendo tres libros.

Pero, ¿y si los libros lograran leerse entre sí? ¿Y si consiguieran leerse unos a otros de forma tan completa y perfecta que todos empezaran a decir lo mismo a su manera? Esto es algo de lo que la iglesia ha llegado a ver acerca de Dios. Hay tres personas distintas: Padre, Hijo y Espíritu, pero no están separadas. No viven aislados. No se esconden unos de otros ni guardan secretos. Se *leen* unos a otros. Se conocen, al derecho y al revés, a fondo, puramente, y comparten todas las cosas juntos.

Dios no está solo ni solitario. Ni Dios está triste ni vacío. Dios es Triuno: Padre e Hijo existiendo en una relación gozosa, comunión real, comunión del más alto orden en el Espíritu. Tenemos un vistazo de esta comunión cuando escuchamos al Padre declarar a Jesús: "¡Tú eres mi Hijo amado, en quien mi alma se complace!" y escuchamos a Jesús responder: "¡*Abba*! ¡Padre!" Este es un lenguaje poderoso. Ciertamente no es frío ni estéril. Y está lejos de ser el tipo de lenguaje que desencadene vacilación, ocultación o mera actuación exterior. Mira esto de nuevo:

¡Tú eres *mi* Hijo *amado*, en quien mi alma se *deleita*!
¡*Abba*! ¡Padre!

Este es el lenguaje de un corazón lleno: de pasión, aceptación y deleite. Es el lenguaje de la fraternidad, de la inclusión apresurada, del abrazo, de la adoración mutua y del afecto real. Revela un amor apasionado, envolvente, que genera libertad para ser conocido y se expresa en una comunión de intimidad, familiaridad y unión plena. Si bien el viejo adagio "la familiaridad engendra desprecio" bien puede ser cierto en ciertas situaciones, no es cierto con Dios. Lo que vemos aquí es aceptación y amor expresándose en una comunión de familiaridad exquisitamente completa en el Espíritu.

Todos hemos vivido esos momentos en los que nos resultaba muy difícil mirar a otra persona a los ojos. Podríamos escanear la cara del otro y quizás mirar momentáneamente a los ojos de la otra persona, pero luego, casi sin control, nuestros ojos se apartarían como si trataran desesperadamente de evitar una conexión real. Este es el fruto de la vergüenza, de sentirse mal. Puede ser que en realidad nos equivocáramos. O puede ser que la otra persona tuviera esa extraña manera de hacernos sentir mal. De cualquier manera, nos dio vergüenza, nuestra conciencia no estaba limpia y eso afectó decididamente nuestra libertad de ser conocidos. Nos hizo reticentes, cautelosos, cohibidos, "incómodos", como decimos. Tropezamos con las palabras y la conversación fue cualquier cosa menos íntima y fluida.

"Yo estoy en mi Padre" significa que Dios no es así. El Padre y el Hijo no tienen este problema. No se miran con duda o inseguridad o con acusación tácita. Cuando el Padre pronuncia el nombre de su Hijo, Jesús no se eriza de miedo, ni la vergüenza se apodera de su corazón y lo transforma en un androide religioso. La invocación de su nombre es un acontecimiento de pura libertad en el Espíritu. El Padre y el Hijo se *pertenecen* el uno al otro y viven en la libertad indecible de la aceptación mutua, en la apertura y el compartir fluido de una conciencia limpia. Nada está oculto, nada está reservado, no hay timidez, ni malestar, ni miedo ni vacilación. Viven cara a cara, en el Espíritu.

"¡Tú eres mi amado!" "¡*Abba*! ¡Padre!" Este lenguaje nos está hablando de una comunidad de vida abundante, una comunidad de libertad sin nada de vergüenza para conocer y ser conocido, una comunidad de aprecio incondicional y abrazo sin reservas, de total familiaridad, auto-exposición y participación, tanto que la única manera de incluso empezar a describir esta relación es decir que el Padre y el Hijo no sólo están el uno *con* el otro sino el uno *en* el otro. Porque no hay separación, ni distancia ni retención.

Ahora bien, todo lo que decíamos sobre el hogar en el primer capítulo, sobre la pertenencia a otra persona, sobre la comunión espontánea, floreciente y próspera del ser, sobre *el concierto de vida* nacido en la convergencia de la convocatoria mutua, es realmente una descripción de Dios. Es una descripción de esta relación entre el Padre y el Hijo en el Espíritu, de *su concierto*. Aquí es donde existe la floreciente y próspera alegría de pertenecer y la vida del hogar. Está aquí en la relación del Padre y el Hijo en el Espíritu, y en ninguna otra parte. Y esa pequeña preposición "en", que usa

Jesús y que nos parece tan extraña, nos habla de su pura rectitud, bienaventuranza, maravilla y gloria y de su singularidad y absoluta unicidad.

Pero hay algo más aquí que no nos podemos perder. Cuando Jesús dice: "Yo estoy en mi Padre", no está hablando por control remoto, o gritándonos desde un balcón al borde de la eternidad. Él nos está hablando como *uno* de *nosotros*. Nos habla por el hecho de que se ha hecho humano. Él está hablando como el Hijo *encarnado*. Y nos está diciendo que está en el Padre como ser humano. Él nos está diciendo que esta relación Triuna ahora incluye a un ser humano.

No es que Jesús haya sido repentinamente adoptado en esta relación desde el exterior, como si ya no fuera parte de ella. Es más bien que lo que siempre ha disfrutado con su Padre ahora se ha hecho humano. La relación eterna del Padre y el Hijo en el Espíritu ahora ha sido "aterrizada" como Jesús. Ha tomado forma dentro de la existencia humana. Ha sido traducido al ser humano. La rica y bendita comunión del Padre y el Hijo en el Espíritu es ahora y para siempre una comunión divino-humana.

El Hijo siempre ha sido la niña de los ojos del Padre, eternamente, pero ahora lo es como ser humano. Conoce el singular afecto de su Padre, habita en desvergonzada libertad y mutuo deleite con Él, lo ama con todo su corazón, alma, mente y fuerzas y comparte todas las cosas con Él, como siempre, pero ahora como *hombre*.

Cuando Jesús dice: "En aquel día sabréis que estoy en mi Padre", está diciendo: "Veréis que lejos de estar muerto, estoy vivo en una relación real con mi Padre. Verás que yo le pertenezco a Él y Él a mí. Verás nuestra unión, nuestro concierto, nuestra vida hogareña. Veréis que no sólo estoy *con* mi Padre sino *en* Él. ¡Y me verán allí como un hombre, un ser humano!"

Dos puntos muy importantes nos presionan para que los reconozcamos aquí. El primero es el hecho de que Dios es un ser relacional, un Dios de comunión, existente en una gran comunión de amor. Como dice la Biblia, "Dios es amor" (1 Juan 4:8), y el amor no puede existir sin relación. El amor alcanza su plena expresión en la aceptación y el cariño, en la libertad de conocer y ser conocido, y en la vida de conocer y ser conocido: el compañerismo. Y el compañerismo alcanza su plenitud en la unión, la completa ausencia de miedo, disfraz y retención, y la presencia de la unión real, la unicidad y la unicidad, sin pérdida de identidad individual: pericoresis. Dios existe de esta manera, como el Dios Triuno -Padre, Hijo y Espíritu- en una comunión pericoretica de amor.

El segundo punto es el hecho de que nada menos que esta comunión divina de Padre, Hijo y Espíritu se ha instalado, por así decirlo, en la tierra y se ha realizado dentro del ser humano y de la existencia. La vida Triuna ya no es simplemente una eterna comunión divina allá arriba en el cielo. Ahora se ha expresado en el espacio y el tiempo, en la existencia humana. Jesucristo es el Hijo eterno del Padre. Pero ahora se ha vuelto humano. Él es, como siempre, el amado del Padre, el abrazado, el que conoce y ama al Padre y vive en comunión real y gozosa con Él en el Espíritu, pero es todo esto ahora como ser humano.

La asombrosa realidad que nos confronta en la historia de la Navidad es que esta comunión divina de Padre, Hijo y Espíritu, esta sociedad divina de amor y comunión, esta vida divina, se ha traducido a sí misma en forma humana. Y con la historia de Navidad va la noticia igualmente asombrosa de la Ascensión, cuando el Hijo *encarnado* ascendió al cielo y se sentó a la diestra de Dios Padre

Todopoderoso, como dice el Credo. Fíjate bien que no fue un ángel ni un fantasma lo que se levantó de la tumba y ascendió al Padre. Era Jesucristo, el Hijo *encarnado*. Como ser humano, para no desencarnarse jamás, está sentado a la diestra del Padre, lugar de honor, privilegio y gloria. Como ser humano, conoce al Padre, vive en Su complacencia en la comunión del Espíritu, y está en todo lo que Dios es. Nada menos que esto es lo que nos confronta en el mensaje cristiano.

¿Por qué Jesús haría esto? ¿Por qué se rebajaría a convertirse en humano? Él no tenía necesidad de esto. Siempre ha conocido a su Padre y ha disfrutado de toda la atención y el afecto de su Padre. Él ha compartido para siempre el concierto de la vida con su Padre en el Espíritu. ¿Por qué se tomaría el tiempo y el dolor de poner a tierra este compañerismo de vida? ¿Por qué el Dios Triuno haría tal cosa? ¿Fue por alguna deficiencia en su comunión? ¿Fue por aburrimiento? ¡Por supuesto que no! La única razón para encarnarse y humanizar esta eterna vida hogareña fue para *compartirla* con *nosotros*. Como lo expresó uno de los antiguos, Jesús se convirtió en "lo que somos para que Él pueda llevarnos a ser incluso lo que Él mismo es".[4]

¿No es esto demasiado bueno para las palabras? ¿Podría Dios realmente ser así y tener estos designios sobre mí, sobre nosotros, sobre el mundo? Desde una perspectiva cristiana, cualquier cosa menos que este Dios, y esta imagen de compañerismo desbordante decidido a incluirnos, es simplemente un producto de nuestra imaginación, un ídolo, ¡un engaño perverso!

**"Tu en mi."** La segunda parte de esta afirmación adquiere ahora

---

4 San Ireneo, *Contra las Herejías*, libro V, prefacio, en *Los Padres Antenicenos*, vol. 1: *Los Padres Apostólicos con Justino Mártir e Ireneo*, ed. por Alexander Roberts y James Donaldson (Grand Rapids: Wm. B. Eerdmans Pub. Co, reimpreso en 1987).

un significado bastante asombroso. El que es la niña de los ojos del Padre, el amado en quien el alma del Padre se deleita, el abrazado, el que vive en verdadera comunión con su Padre en el Espíritu -éste- dice: "*¡tú en mí!*" ¿No es esta una declaración impresionante? ¿Podrían tres pequeñas palabras posiblemente ser más asombrosas? Detente y asimila esto.

En los términos más simples, Jesús nos está diciendo que *estamos* incluidos en él. Por un lado, nos habla de su notable relación con su Padre. Por otro lado, nos dice que estamos incluidos en él en su relación con su Padre. *Estamos* incluidos en esta bendito círculo de vida compartida.

"You in me," this means that with Jesus we come under the Father's glorious declaration, "Thou art my beloved Son, in whom my soul delights!" And it means that we have been gathered into Jesus' answer, "*Abba!* Father!" We have a place in *this* fellowship. This is home, our home.

"Tú en mí", esto significa que con Jesús *estamos* bajo la gloriosa declaración del Padre: "¡Tú eres mi Hijo amado, en quien mi alma se complace!" Y significa que hemos sido reunidos en la respuesta de Jesús, "*¡Abba!* ¡Padre!" Tenemos un lugar en esta hermandad. Este es el hogar, nuestro hogar.

Hace algunos años estaba parado en un aeropuerto esperando encontrarme con un amigo que venía a visitarnos a Escocia. Mientras esperaba el avión de mi amigo, no pude evitar notar a un joven parado en la sala de espera. Estaba obviamente emocionado y ansioso. Comprobaba nerviosamente el monitor de llegadas y luego caminaba un poco, echaba un vistazo a la pista y volvía al monitor de nuevo.

En poco tiempo llegó un vuelo y pudimos ver el avión rodando hacia la terminal. Estaba claro que este era el vuelo que había estado esperando. Se colocó directamente frente a las puertas de los pasillos que salen a los aviones. En poco tiempo se abrieron las puertas y comenzó a salir gente de todo tipo, algunos sonrientes, algunos con esa mirada de "¿a dónde voy ahora?", algunos buscando ansiosamente un rostro familiar.

Entonces sucedió. Un niño pequeño salió y se detuvo en la puerta. Examinó la multitud. Como un ciervo alarmado, se esforzó desesperadamente por oír. Luego escuchó la voz de su padre, sus ojos se encontraron y el niño pequeño se precipitó por el suelo con cada fibra de su ser. Fue un evento. Todo en el aeropuerto pareció detenerse. Fue como si alguien presionara un enorme botón de pausa y todo el mundo se detuviera a mirar a este niño y a su papá. En un abrir y cerrar de ojos, el niño saltó desde la puerta hacia su padre y saltó a sus brazos. Ningún padre podría haber visto esto sin lágrimas. Fue un momento de abrazo en alegría pura, puro deleite y unión.

En el mismo instante en que vi abrazarse a este niño y a su padre, fue como si una voz del cielo gritara:

> Baxter, Baxter, ahí está el evangelio, ahí está ante tus ojos. Allí está la resurrección y ascensión de mi amado Hijo encarnado. Allí está, viniendo, como hombre, a toda prisa hacia Mí desde el país lejano. Ahí está nuestro abrazo. Y la buena noticia es que no está solo, te tiene a ti y al mundo con él.

Nada menos que esto es lo que Jesús nos está diciendo en esas tres maravillosas palabras, "tú en mí". Él está en el Padre. Solo él tiene esta relación con Dios, esta relación correcta con su Padre, esta unión espontánea y fluida en el Espíritu, pero no está solo, estamos incluidos en él. Él tiene un hogar con Dios Padre Todopoderoso y nosotros estamos incluidos.

Tenemos que mirar la vida de Jesucristo en dos tiempos diferentes. La primera vez estamos preocupados por el hecho asombroso de la encarnación. El Hijo eterno del Padre se hizo humano. Y en su existencia encarnada, encarnó, expresó, cumplió humanamente su vida eterna de hogar con su Padre. En primera instancia, toda nuestra atención está sobre lo que le sucedió al Hijo de Dios, lo que le sucedió en la encarnación. Lo vemos morir, resucitar y ascender a su Padre. Y lo vemos ahora, como el Hijo encarnado, crucificado y resucitado, en casa con su Padre en la comunión del Espíritu.

Pero entonces debemos mirar por segunda vez a la vida de Jesucristo. Esta vez vemos que en su vida, muerte, resurrección y ascensión algo *nos* estaba pasando. Cuando él murió, nosotros morimos (2 Cor 5:14). En su vida encarnada, el Dios Triuno estaba haciendo algo por ti, por mí y por el mundo. "Dios estaba en Cristo reconciliando consigo al mundo" (2 Cor 5:19). Por un lado, vemos que Jesucristo es el Hijo encarnado viviendo su relación con su Padre como ser humano. Por otro lado, vemos que Jesucristo es el acto del Dios Triuno por el cual fuimos tomados, limpiados e incluidos en el círculo bendito. La iglesia primitiva pensó en Jesús y el Espíritu de esta manera, como los dos brazos del Padre por los cuales Él se acercó a nosotros, nos agarró, nos limpió y nos llevó a casa.

En Jesucristo, el Dios Triuno se apoderó de Adán, tú, yo, el mundo, y en su muerte murió Adán, moriste tú, morimos todos. En su muerte fuimos crucificados. Por su muerte fuimos circuncidados, limpiados radicalmente de todo pecado y alienación, convertidos por completo. Por su resurrección, fuimos producidos como nuevos, vivos, sin mancha ni arruga. Y su ascensión fue el acto por el cual fuimos llevados al Padre, llevados a Su presencia y establecidos en una relación real con Él.

En primer lugar, nuestra atención se centra en lo que sucedió con el Hijo en su encarnación-ascensión. En segundo lugar, se centra en lo que fue de nosotros en él. Porque todo el evento de la venida de Jesús, su vida, muerte, resurrección y ascensión, fue un evento vicario. Fue un evento en el que estuvimos decisivamente implicados. Fue un evento en el que Dios trató con nosotros.

Este es el punto que debemos ver: en Jesús, el Dios Triuno no solo hizo algo por *nosotros*, sino que hizo algo *con* nosotros y *a* nosotros. La vida de Jesucristo es el acto del Padre que se niega absolutamente a abandonarnos, que se niega a dejarnos hundidos en la alienación, que se niega a dejarnos excluidos del círculo de la vida. Su vida es el acto de la pasión del Padre por nosotros, cruzando todos los abismos, rompiendo todas las barreras, buscándonos y encontrándonos sin descanso, aferrándonos y llevándonos a casa.

Jesús dice: "Yo estoy en mi Padre, y vosotros en mí". Esta simple declaración es un resumen de lo que Jesucristo realizó en su venida. Por un lado, humanizó su vida eterna de hogar con su Padre en el Espíritu. Por otro lado, nos agarró, eliminó nuestra alienación en su muerte, nos dio a luz nuevos en su resurrección y nos exaltó a la presencia del Padre y la comunión en su ascensión. Aquí yace la verdad más profunda sobre nosotros. Estamos incluidos en la existencia del Hijo encarnado con su Padre. Se nos ha dado un lugar en *esta* relación. Y así como es una violación flagrante de la naturaleza misma de la comunión de Padre, Hijo y Espíritu decir simplemente que son tres, así es una violación grave de lo que el

Dios Triuno ha hecho con nosotros en Jesucristo, para ver nosotros mismos como solos, abandonados, avergonzados, equivocados! Porque estamos *en aquel* que está en el Padre. Estamos en casa.

Asombroso y sorprendente como es, sigue siendo la gran verdad sobre nosotros. Es el secreto de nuestra existencia. Puede estar velado para nosotros, escondido de nuestra vista y muy alejado de la forma en que nos vemos a nosotros mismos y nuestras vidas; sin embargo, es cierto. El Hijo eterno se hizo humano. Como ser humano conoce a su Padre por dentro y por fuera, y habita en fidelidad y seguridad, alegría y libertad con su Padre en el Espíritu. Y hemos sido incluidos en su relación encarnada con su Padre. *Estamos* incluidos.

**"Yo en ti".** Hemos cubierto una buena cantidad de territorio, ¿no es así? Hemos pasado de un interés en el poder misterioso de la palabra *hogar* a la rica unión y concierto del Dios Triuno. Y hemos comenzado a lidiar con la sorprendente doble verdad de que (a) este concierto divino ha alcanzado su expresión en el ser humano, y (b) *hemos* sido y estamos incluidos en él. Esta doble verdad pone ante nosotros nuestra verdadera identidad, nuestro verdadero hogar.

Pero hay un tercer punto, que va más allá de nuestra identidad, y pone ante nosotros el secreto mismo de nuestra existencia. Tal vez deberíamos decir que saca a relucir las implicaciones de nuestra verdadera identidad en Cristo. Las últimas tres palabras de la declaración de Jesús (yo en ti) nos confrontan con el hecho de que la vida tal como la conocemos ahora, tu vida, mi vida, es mucho más de lo que jamás imaginamos. Hay un factor en la ecuación de nuestro vivir que nos ha eludido por completo: Jesucristo no está en algún lugar allá arriba en su Padre, él está en nosotros.

Su relación con su Padre en la comunión del Espíritu no está en cuarentena en algún almacén celestial en los rincones más lejanos del universo; está trabajando dentro de nosotros ahora expresándose en nuestra humanidad. Este es el misterio de nuestras vidas. Somos participantes de la vida hogareña de Jesús con su Padre.

Cuando mi propio hijo tenía unos seis años, él y uno de sus amigos entraron en nuestra guarida, donde yo estaba sentado clasificando el correo. Yo no conocía a su amigo en absoluto. Éramos extraños. Pero lo que sucedió es una ilustración fascinante del misterio que opera dentro de nosotros. Si bien este niño pequeño no me conocía ni cómo era yo, mi hijo sí. Mi hijo tenía una relación conmigo. Estaba en casa conmigo y libre para ser frívolo, libre para venir a mi presencia y jugar. Y él hizo precisamente esto. En la libertad de la aceptación, se acercó a mi presencia, saltó en el sofá y me obligó a jugar. Y su amigo se encontró en presencia de algo que no era suyo. Se encontró rodeado por y en medio de nuestra comunión. La libertad de mi hijo y su comodidad conmigo se abrieron paso en el corazón de ese niño pequeño. Él lo experimentó. Jugó en él y se convirtió en suyo también.

Esta es una imagen del misterio de nuestra existencia. Esto es lo que está pasando en nuestras vidas ahora. En pura gracia, hemos sido incluidos en la vida hogareña del Hijo encarnado con su Padre, y todo lo que está ligado a esta relación está obrando dentro de nosotros. Estamos viviendo en él, caminando en él, respirando aires cristológicos, participando de la conexión de Cristo con la existencia de Dios y compartiendo su experiencia de hogar.

Solo Jesucristo conoce al Padre y tiene una relación real y correcta con Él (Mt 11:27). Sólo él está conectado con la existencia de Dios. Sólo Él conoce la aceptación de Dios Padre Todopoderoso, comparte la dignidad, la gloria, el gozo y la seguridad del Padre, experimenta Su complacencia y deleite, y vive en la comunión de vida con Él en el Espíritu. Pero ha elegido no estar solo. Ha elegido compartirse con nosotros. Nos está haciendo partícipes de su existencia y de lo que ve, sabe y experimenta cuando mira a los ojos a Dios Padre. Él está compartiendo con nosotros su hogar, su libertad de esconderse y su libertad para tener comunión con su Padre. Estamos atrapados en su relación con su Padre y se está expresando en nuestra humanidad, en nuestros corazones, pensamientos, acciones y relaciones.

Aquí radica la diferencia fundamental entre religión y cristianismo. La religión no sabe de Navidad. No sabe de la encarnación del Hijo ni de la humanización de su vida eterna de hogar con su Padre en el Espíritu. La religión no sabe que hemos sido incluidos en esta relación. No sabe de la presencia de este Jesucristo en nuestras vidas, corazones, pensamientos y relaciones ahora--este Jesús que conoce a su Padre, lo ama con todo su corazón, alma, mente y fuerzas, disfruta el deleite y el placer de la Padre, y se gloria en todo lo que ha hecho.

El hombre religioso se ve así a sí mismo, como un individuo puro. No se ve a sí mismo como partícipe del corazón y del conocimiento de Jesucristo. Él tiene su propio corazón y mente independientemente de cualquier otro. Por lo tanto, se deja a sí mismo para glorificar a Dios. Y se queda con la conclusión orgullosa de que su interés por las cosas divinas, su preocupación por la justicia, su cuidado por los demás, su bondad fundamental, sus anhelos y oraciones, su compañerismo con los amigos y su amor por la familia y la vida, todo tiene su origen en su propio corazón. O se le deja bajo la suposición eventualmente debilitante de que debe producir todas estas cosas en sí mismo y por sí mismo. La religión no tiene mediador. Deja a la humanidad sola ante Dios.

El cristianismo no es religión. El cristianismo se trata de la vida hogareña que Jesucristo tiene con su Padre en el Espíritu expresándose en y a través de nosotros, tomando forma en nosotros como trabajo, juego, cocina y limpieza, como pesca, golf y jardinería, como compañerismo, relaciones, amistades. y matrimonios. El cristianismo se trata nada menos que de la vida de Jesucristo formándose en nosotros (Gál 4:19; Ef 4:13). Se trata de la humanidad del Dios Triuno llenando todas las cosas (Ef 4:10).

Desde un ángulo, esta es la meta hacia la cual se mueve la creación y por la cual oramos (Ef 3:14-19; Jn 17:22-26). Oramos por el reino por venir, y qué es el reino de Dios sino la vida hogareña, el gozo, la seguridad y la libertad, el amor y la comunión que el Hijo encarnado tiene ahora y para siempre en su relación con su Padre en el Espíritu? ¿Qué es la venida del reino sino la vida de este Jesús que nos llena a nosotros ya toda la creación? ¿No es este tu hogar? ¿No es este nuestro deseo más profundo, la oración anhelante dentro de nosotros?

Pero desde otro ángulo, debemos ver que esto no es una meta en absoluto sino una realidad muy presente. "Yo en vosotros" significa que ahora estamos atrapados y participando en Jesucristo. Él está en nosotros ahora, compartiéndose con nosotros y expresándose a través de nosotros. Su vida hogareña, sus alegrías y cargas, sus delicias y libertad, su seguridad y confianza, su esperanza y paz ya obran en vosotros. Este es el secreto, el misterio que está tan cerca de nosotros que no podemos verlo.

No es nuestra comunión lo que disfrutamos. No es nuestra hambre o sed de justicia. No es nuestra bondad o cargas para los demás. No es nuestro placer en la puesta del sol, no es nuestra pasión por la vida o nuestra libertad para jugar. No es nuestro interés en cosas más profundas o nuestro anhelo de ser real. No es nuestro clamor quejumbroso conocer y ser conocido. No es nuestra seguridad lo que nos da libertad para correr. Es Jesucristo en nosotros. Es la comunión del "¡Mío eres tú!" del Padre y el "¡*Abba*, Padre!" del Hijo encarnado. formándose y expresándose en nosotros en el Espíritu. Pero estamos tan engañados que no podemos verlo. Todo es demasiado humano, demasiado normal, demasiado cercano. Miramos más allá de todo para ocuparnos de otras cosas.

Jesús dice: "Separados de mí nada podéis hacer" (Jn 15,5). ¿Cómo entendemos esta "nada"? ¿Significa literalmente "nada"? ¿Significa que separados de Jesús ni siquiera podemos respirar, reír, deleitarnos con la comida y los amigos, amar a nuestros hijos, jugar baloncesto? ¿O "nada" significa cosas más elevadas como orar, leer la Biblia, ir a la iglesia, testificar?

Durante años he luchado con la declaración de Pablo sobre el testimonio del Espíritu en nuestros corazones: "Y por cuanto sois hijos, Dios envió a nuestros corazones el Espíritu de su Hijo, que clama: ¡Abba, Padre!" ¿Quién no? ¿Quieres experimentar todo lo que significa este testigo? Pero a mí siempre me pareció algo tan elevado, tan enigmático y misterioso, tan súper espiritual. Estaba allá arriba, por encima y más allá de mí.

"Tal vez algún día", me decía a mí mismo, "lograré llegar a este nivel".

Entonces, un día me golpeó como un rayo caído del cielo: Baxter, ¿crees que por tu cuenta realmente te importarían esas cosas? ¿De verdad crees que por tu cuenta te habrías movido más allá de la temible y rápida salida del León, cuando finalmente se enfrentó al gran Mago con Dorothy, en *El Mago de Oz*? ¿Crees que por tu cuenta tendrías alguna pasión por estudiar, reflexionar y luchar, y mucho menos una conciencia limpia y una libertad real para acercarte a Dios en oración? ¿De dónde *tú* sacaste una conciencia limpia? ¿De dónde has sacado esta audaz libertad de acercarte a Dios y llamarlo "Padre"? ¿Estas cosas tienen su origen en tu corazón?

No. Es el *Abba* de Jesús que ya está obrando en ti, expresándose en tu mente, corazón y vida. Es su relación, su interés y amor por su Padre, su libertad y comunión con su Padre obrando ya en vosotros en el Espíritu, formándose en vosotros. No eres tú, sino Cristo en ti.

¿Qué debe pensar el Señor de nosotros cuando nos reunimos para tener nuestras grandes reuniones para adorarlo y glorificarlo? Oramos para que Él venga y esté presente y que acepte nuestra adoración. Como si estuviera ausente. Como si nosotros, por nuestra cuenta, a causa de nuestros propios corazones, realmente deseáramos adorarlo. Como si nosotros, por nuestra cuenta, aparte de la relación de Jesucristo con su Padre, aparte de su amor y deleite en su Padre, aparte de su hogar y conciencia limpia, aparte de su pasión por conocer y honrar a su Padre, nos reunimos en absoluto, y mucho menos producir algo de importancia para la gloria de Dios. ¡Qué orgullo! ¡Qué ciega y asfixiante ignorancia! De hecho, el reino de Dios ya está aquí.

Pero, ¿qué pasa con el resto de nuestras vidas? ¿Y de lunes a sábado? ¿Qué pasa con nuestro trabajo y nuestro juego? ¿Qué pasa con nuestros deleites en la música y el compañerismo? ¿Qué pasa con nuestro interés en el universo o las ballenas, las plantas?

¿Qué pasa con nuestra preocupación por los quebrantados y los enfermos? ¿Qué pasa con nuestro romance y nuestro placer en la gloria del día? ¿Qué hay de nuestra libertad para descansar, esa maravillosa seguridad que obra dentro de nosotros y que realmente nos permite cerrar los ojos y dejarnos llevar? ¿Qué pasa con nuestro sacrificio por el bien de los demás? ¿De dónde viene todo esto? ¿Se origina en nuestros corazones? ¿Tiene su fuente en nuestra bondad? ¿Es nuestro amor y deleite y alegría y carga? No. Es Jesucristo en nosotros, la esperanza de gloria (Col 1:27), porque separados de él nada podemos hacer.

"Yo en ti" significa que sucede mucho más dentro de nosotros y a nuestro alrededor de lo que imaginamos. La misma fe y fidelidad de Jesucristo, su gozo y seguridad, su confianza y esperanza, su libertad y limpia conciencia, su naturalidad y su comunión fluida con su Padre se están expresando en nuestras vidas. Esto no es una meta; está pasando. Somos fruto de su mediación.

¿No es esto lo que amamos en la vida, en la música, en la belleza del atardecer, en nuestras relaciones, en nuestro trabajo y juego? Nuestra gloria en Jesucristo, nuestro lugar en el deleite y el afecto del Padre por Jesús, el ritmo no forzado de la aceptación del Padre, la alegría floreciente y próspera de la pertenencia de Jesús, expresan su realidad en nosotros, compartimos en ellos, conocemos el concierto. para nosotros.

¿No es esta la verdadera fuente del sueño inconsolable? En Jesús tenemos un hogar con Dios Padre Todopoderoso. Conocemos su alegría, su vida y su florecimiento. Hemos probado su gloria. Hemos escuchado la música y conocido el baile. Pero no estamos satisfechos. Algo dificulta nuestra participación. No somos libres para participar plenamente en la comunión de Jesús con su Padre.

Y nuestro verdadero hogar en Jesucristo, el misterio, *nos hace señas*. No se irá. Es el deseo más profundo, escrutador y roedor dentro de nosotros. ¡*Nostalgia*!

¿No es este el verdadero poder de la palabra *hogar* para nosotros? Es la configuración particular de las letras que hemos llegado a asociar con esta vida floreciente cuando nuestra participación en el concierto Triuno se desató para ser ella misma en nosotros.

El *hogar* reúne tal prole de matices, nos dice mucho, casi mágicamente nos acecha, nos aguijonea y nos inspira, porque es el símbolo físico y sonoro de todo lo que significa para nosotros el misterio de nuestra inclusión en Cristo. La palabra *hogar* nos recuerda lo que sabemos en nuestras almas: existe tal relación de gloria, tal vida hogareña, tal concierto; estamos incluidos en él y pertenecemos a él, tenemos un lugar en él; y aunque lo hemos experimentado, probado y sentido, todavía tenemos que ser bautizados sumergidos[5] en él.

---

5 En paréntesis, N del T

# CHAPTER 3

# El Camino al Hogar

En la declaración de Jesús que ha estado ocupando nuestro pensamiento, nos enfrentamos a una visión sorprendente y maravillosa de la existencia y la vida humana. Central a esta visión es la encarnación del eterno Hijo de Dios. No debemos pensar en la encarnación como un modo temporal, una forma que Jesús asumió por un momento en el pasado. Su humanidad no es una túnica que se puso por un tiempo pero que ahora se ha quitado y guardado en un armario celestial. El milagro de la Navidad es que el Hijo de Dios se *hizo* humano. El milagro de la ascensión es que *sigue siendo* humano. Está sentado ahora, como ser humano, a la diestra del Padre, conociendo a su Padre y compartiendo todas las cosas con Él en la comunión del Espíritu.

Pero esto es sólo el comienzo de la visión. Jesús continúa diciendo que estamos incluidos. Él es el hombre vicario, *aquel* en quien fuimos recogidos, limpiados y dados una relación real con el Padre. La encarnación-ascensión del Hijo es el acto en y por el cual fuimos crucificados, circuncidados y reconciliados, resucitados y exaltados al Padre. Jesucristo es nuestro hogar con el Padre.

Pero incluso aquí la visión no es completa. Porque no solo estamos incluidos en la relación de Jesús con su Padre, sino que esa relación, esa vida hogareña, se está expresando en nosotros ahora. Jesús, y su vida hogareña con su Padre, no está allá arriba en algún mundo etéreo; él está en nosotros. Somos partícipes de su filiación.

No es que existamos por alguna gracia creativa indefinida de Dios, además de lo cual luego compartimos la vida de Jesús con el Padre. Jesús es el mediador entre la vida del Dios Uno y Trino y la humanidad. Existimos, tenemos ser y vida, porque él está en el Padre, porque está conectado con la existencia y el ser de Dios, y está compartiendo esta existencia y ser con nosotros. El famoso dicho de Descartes, "Pienso, luego existo", es erróneo. Debería ser: "Jesucristo está en el Padre, luego existo yo".

Pero nuestra participación en Cristo es más que una mera cuestión de existencia, como si tuviéramos nuestra existencia a través de Cristo pero luego estuviéramos solos para formar esa existencia y darle carácter. Somos más que animales gobernados por nuestros instintos. Somos personas que tenemos dignidad y alegría en nuestro trabajo, esperanza y paz en nuestros corazones, un sentido de seguridad que nos libera de la tiranía del miedo, un gozo en la vida, una preocupación por el planeta y su bienestar. Pero estas cosas no tienen su origen en nuestros buenos corazones. Tienen su origen en Jesucristo, primero, porque participa de la gloria y dignidad del Padre, de su certeza, seguridad y gozo, y de su deleite y pasión por su creación; y segundo, porque este Jesucristo se está compartiendo a sí mismo, no sólo su existencia sino todo lo que es y tiene con su Padre, con nosotros.

Es porque Jesús conoce al Padre y la libertad de la completa aceptación del Padre, y porque comparte su mente y conocimiento con nosotros, que no estamos completamente debilitados por la culpa y la vergüenza. Si bien él es el único entre los seres humanos que tiene una conciencia limpia, comparte su conciencia limpia con nosotros y, por lo tanto, no estamos obligados a escondernos por completo y temerosamente de Dios y unos de otros, sino libres para la comunión, libres para darnos a nosotros mismos por los demás. Porque conoce la seguridad absoluta del abrazo del Padre, y porque comparte su mente con nosotros, conocemos la libertad de descansar y relajarnos, la libertad de estar quietos y notar la gloria que nos rodea, la libertad de dormir esperando un buen mañana. El misterio de nuestra existencia y vida es que somos partícipes de su filiación encarnada y ascendida. Él es el mediador. Somos el fruto de su vida hogareña con su Padre.

Sin embargo, todo esto está calificado en nuestros corazones por un serio "sí, pero". Sí, esto es cierto, pero tampoco es cierto. Hay momentos en los que parece ser más cierto que otros. Hay momentos, muchos momentos -días, meses e incluso años- en los que no podemos descansar ni relajarnos, en los que nos encontramos tan motivados que nunca nos acercamos a notar la gloria, y mucho menos a disfrutarla. Hay momentos en los que no podemos dormir en absoluto. Hay momentos en que no hay alegría ni dignidad ni sentido en nuestro trabajo, cuando el miedo y la ansiedad nos abruman, cuando jugamos pero no jugamos en absoluto, cuando estamos presentes con los demás pero lejos de ser libres para saber o ser conocidos, en hecho aparentemente ligado a la simulación y el engaño, el camuflaje y la autoprotección, incluso impulsado a la calumnia, la opresión y la brutalidad.

Una mezcla extraña y grosera está obrando dentro de nosotros, una mezcla de miedo y libertad, alegría y depresión, paz y angustia, una mezcla de descanso e inquietud, compañerismo y escondite, servicio y egocentrismo, amor y odio. Conocemos tanto el hogar como la falta de vivienda al mismo tiempo. Claramente hay otro factor en la ecuación de nuestras vidas además del de Jesucristo y su vida hogareña con su Padre en el Espíritu. Hay algo que estorba y sofoca y sofoca la vida de Cristo en nosotros, incluso la pervierte.

El problema es doble. Por un lado, el sofocamiento de la vida de Cristo en nosotros es el resultado de nuestra incredulidad. Por otro lado, el problema de nuestra incredulidad es el resultado del engaño. Si bien ciertamente parece trillado decir que el problema es que no creemos en la verdad de quiénes somos en Cristo, hay mucho más en esta declaración de lo que parece a primera vista. Para empezar, nos entregamos a las cosas en las que creemos, a las cosas que creemos que finalmente nos darán vida, integridad, plenitud. Pero, como dice la Biblia, estamos confundidos. Vemos a través de un par de anteojos oscurecidos (1 Cor 13:12). Nuestra visión está nublada, borrosa. Nuestro pensamiento y comprensión están sesgados y oscurecidos.

En nuestra confusión, nos entregamos voluntaria y libremente a pensamientos y acciones que sofocan la filiación de Jesucristo que obra en nosotros. En nuestra oscuridad, abrazamos cosas, incluso corremos hacia ellas, que sofocan nuestra participación en su vida y comunión con su Padre. En nuestro pensamiento torcido, creemos en las cosas malas, las perseguimos, nos entregamos a ellas, y nuestra vida en Cristo no puede alcanzar la expresión adecuada en nosotros. De hecho, nos alejamos de Jesucristo y caminamos tras el vacío, y nos quedamos vacíos (Jer 2:4). En nuestra confusión, malinterpretamos la fuente del agua viva en nosotros y nos dedicamos a labrarnos cisternas, cisternas rotas que no retienen agua (Jer 2:13), y nos secamos.

Jesús dice que conocer la verdad nos hace libres (Jn 8:32). Lo contrario de esta declaración también es cierto: no saber la verdad nos ata. El no saber la verdad, estar en tinieblas, nos lleva, o mejor, nos *engaña*, a creer en lo erróneo y así entregarnos a cosas que impiden que la vida y la gloria de Jesucristo florezca plenamente en nosotros.

Jesucristo nos ha incluido en su relación floreciente de pertenencia con su Padre. Nos ha implicado y hecho partícipes de su existencia y de su vida de hogar. Sin él no existiríamos y no tendríamos nada bueno, ni cargas ni pasiones ni intereses, ni creatividad ni talento, ni esperanza, ni seguridad, ni libertad real, ni la menor apariencia de alegría y vida. Pero no estamos sin él y por eso cada paso que damos es un paso cristológico, una posibilidad creada por el hecho de que él nos media la existencia, baña nuestras almas en su seguridad y esperanza y comparte con nosotros sus inquietudes y talentos. Pero estamos lejos de saber esto como son las cosas. No nos vemos en Jesucristo y no sabemos que Jesucristo está en nosotros. E incluso en esos casos raros en los que pensamos en Cristo en nosotros, es una noción vaga y mística que realmente no podemos comprender, y el Jesús en el que pensamos es bastante aburrido e inepto, lejos del amado Hijo del Padre que vive, como hombre, en la comunión de su Padre y la dignidad y el gozo en el Espíritu Santo. Estamos confundidos, y nuestra confusión es desastrosa porque nos deja creyendo y abrazando una visión falsa de nosotros mismos y una visión falsa de la fuente y el secreto de la vida.

Hace unas noches mis dos hijas y yo leímos juntos. Había treinta animales de peluche, tres personas y un libro. "¿No es esto lo más grande en todo el mundo?" Les pregunte. "El Señor nos ama tanto que nos hace partícipes del gozo que tiene en Su Hijo; lo pone en nosotros a través de Su Espíritu y podemos experimentarlo juntos".

Más tarde reflexioné sobre lo confundidos que estamos con esto. ¿Cuánto tiempo nos llevará ver que lo que compartimos tiene poco que ver con papá per se, con ositos de peluche y libros, o con el hecho de leer juntos? ¿Cuánto tiempo nos llevará comprender que lo que sucedió entonces no fue nuestra creación sino el acontecimiento del Espíritu, no el fruto de nuestra bondad sino el fruto de la presencia y entrega de Jesucristo?

Estamos en él y él está en nosotros. Compartimos su humanidad y vida hogareña con su Padre. Pero confundimos a Jesucristo con nosotros y su vida hogareña confundida con la forma externa por la cual se expresa en nuestras vidas. No sabemos de la presencia de Jesucristo. No entendemos que es su vida de hogar y comunión con su Padre, su seguridad y gozo, lo que está obrando dentro de nosotros en el Espíritu. Confundidos por este gran hecho, asumimos que la vida viene de otra parte. Tal vez vino de nosotros. Tal vez lo produjimos. Quizás el secreto esté en la forma exterior de su expresión, es decir, en los osos de peluche, los libros y la lectura juntos. Por lo tanto, con todo lo que tenemos, tratamos desesperadamente de que la receta vuelva a ser la correcta. Así que nos entregamos a nosotros mismos y a nuestro tiempo y energía en la recreación mecánica de la forma externa. En nuestra confusión perseguimos cosas que no tienen sustancia real en sí mismas, y la vida buena y gloriosa de Jesucristo en nosotros es sofocada.

¿No es esta la historia de nuestras vidas: un confuso intento tras otro de encontrar un hogar para nosotros mismos, de crearlo, fabricarlo, conjurarlo con nuestros propios recursos? Tratamos de encontrarlo en el matrimonio, en las amistades, en nuestros hijos, en nuestras mascotas, en nuestra carrera o trabajo, en nuestro glamour y gloria, en nuestras emociones y sentimientos, en la sensualidad y el sexo, en nuestras nobles causas y clubes, en nuestros académicos profundos, en nuestro atletismo y recreación, en nuestras posesiones materiales, en nuestra política y poder, en la iglesia o la Biblia o nuestras obras religiosas, en nuestros cánticos y cristales. Pero la vida de hogar de Jesucristo con su Padre no está *en* ninguno de estos.

La experiencia del hogar no se obtiene creyendo en ninguna de estas cosas y persiguiéndolas como metas o fines en sí mismas. Es cierto, maravillosamente cierto, que nuestra participación en la vida hogareña del Dios Triuno se expresa y toma la forma de compañerismo, matrimonio, amistad, servicio, trabajo, estudio y juego. Esa es la forma en que se supone que debe ser. Se supone que debemos pescar, jugar al golf y cuidar el jardín en la libertad y el gozo de Jesús. Se supone que debemos compartir la comunión de Jesucristo con amigos y familiares. Se supone que debemos vivir con nosotros mismos, con los demás y con la creación en la seguridad, la esperanza y la paz de Jesucristo. Se supone que debemos trabajar como participantes de su dignidad y significado. Pero en sí mismas, estas cosas (las relaciones, el trabajo y el juego) son impotentes. Están vacías. No poseen el concierto y ni siquiera pueden tocar música real. En sí mismos no tienen nada que darnos.

El hogar existe en un solo lugar: en la relación de Jesús con su Padre en el Espíritu. Y comparte su vida con nosotros, pero confundimos la fuente con su expresión; la comunión del Padre y del Hijo en el Espíritu con las formas que toma en nuestra vida; hogar con lugares, personas y cosas. Nos confundimos tanto que hacemos pequeños ídolos de cada uno de ellos. Los buscamos, creemos en ellos, los honramos y nos entregamos a ellos asumiendo que pueden convertirse en hogar para nosotros. Nos convertimos en adictos al golf y al trabajo, adictos religiosos, esclavos del dinero, el sexo y el poder. Nos postramos ante el sistema. ¿Por qué? Porque estamos confundidos acerca de la fuente y el secreto de nuestra verdadera vida y creemos que una u otra de estas cosas nos darán la verdadera vida.

El vacío de estos ídolos es como un enorme agujero negro que nos succiona la vida de Cristo. Y también nos convertimos en agujeros negros. Porque en nuestra desesperación por experimentar el hogar, nos volvemos unos a otros y nos exigimos unos a otros la realidad del hogar que ninguno de nosotros posee en sí mismo. Casi nos destruimos unos a otros exigiendo la vida que no tenemos para dar.

Han pasado varios años desde que se estrenó la película *Carrozas de Fuego*. Pero tiene algunas escenas bastante inolvidables. Una de esas escenas ocurrió justo después de que Harold Abrahams ganara la carrera de 100 yardas en los Juegos Olímpicos de 1924. Había trabajado tan duro y contra tales probabilidades. Había corrido contra tales campeones. Y había ganado. ¡Él había ganado! Pero allí estaba él con su venerado entrenador, sumido en un adormecimiento ebrio. La forma no tenía gloria que darle, ninguna gloria real. Lo había perseguido con todas sus fuerzas, lo agarró y ahora lo poseía. Tenía la medalla en sus manos. Era el hombre más rápido de la tierra. Pero era solo la forma de la gloria, y el dolor de su vacío era insoportable, había que adormecerlo.

Qué contraste fue Abrahams con Eric Liddel, el escocés volador.

¿Quién puede olvidar aquella escena bajo la montaña en Edimburgo cuando Liddel hablaba con su hermana? Él dijo: "Dios me hizo rápido, y cuando corro siento *Su placer*". Correr, ganar, ser campeón olímpico no eran para Liddel sino la mera expresión de participación en el deleite del Padre en Su Hijo. Correr no era más que la forma exterior del acontecimiento del Espíritu, la expresión del concierto del placer del Padre. Qué maravillosamente libre era para pasar de correr a otras formas de participación aparentemente menos nobles. Pero para Liddel, era todo de una pieza. Fue la participación en el placer del Padre en Su Hijo, ya sea en la carrera por el oro olímpico, paleando lodo o sufriendo persecución en el campo misionero.

La mayoría de nosotros no somos como Eric Liddel. Somos como Harold Abrahams.

Creemos que las formas tienen realmente lo que anhelamos y nos entregamos a perseguirlas. Qué lastimosamente superficiales y fantasmales nos volvemos en su persecución. Cuán enojados y frustrados, deprimidos y amargados nos volvemos cuando las formas prometedoras parecen para siempre fuera de nuestro alcance y más allá de nuestra posesión. Cuán cerca nos tambaleamos al borde de la pura desesperación y el cinismo cuando logramos agarrar una de las formas y luego comenzamos a ver que no hay nada en ella. Qué dolor tan doloroso y espantoso es ver a través de aquello en lo que hemos invertido tanta esperanza, tiempo y energía.

La confusión y la incredulidad hacia Jesucristo nos llevan a creer en las cosas malas, y en la medida en que nos entregamos a ellas, sofocan y ahogan la buena vida de Jesucristo en nosotros. Pero hay otro factor en la ecuación de nuestra confusión que ahora necesita ser traído a nuestra discusión. Nuestra confusión y oscuridad no tienen su origen último en nosotros. Detrás de toda nuestra confusión está Diabolos, el diablo, satanás, el maligno. Él es el espíritu de error como testifica la Escritura: el autor de la confusión, el padre de la mentira, el acusador, el enemigo, el que se opone a nuestra participación en la vida del Dios Triuno. La oscuridad y la confusión y la idolatría y el vacío no se originan en nosotros, sino en él.

El maligno no es un creador. Él no puede hablar cosas para que existan como lo hizo el Dios Triuno. Él no posee ese tipo de poder. No puede crear un universo, reino o humanidad alternativos. Por lo tanto, no hay dos creaciones, o dos humanidades, existiendo una al lado de la otra, siendo una la creación del Dios Uno y Trino y la otra la creación del diablo. Sólo existe una creación del Dios Triuno. Sólo existe una humanidad, creada y redimida en Jesucristo, a la que se le ha dado el don de la participación en su vida encarnada y ascendida y la comunión con su Padre en el Espíritu.

El hecho de que el maligno no tenga poder creativo significa que la única forma en que puede llevar a cabo su sueño, su esquema de un reino rival, es explotando la creación del Dios Triuno para sus propios fines. No tiene poder para crear su propio mundo ni para sostenerlo. Por lo tanto, opera parasitariamente: usa y abusa de la creación del Dios Triuno para su propio propósito. Él abusa de la vida de Jesucristo en nosotros.

Su arma principal, y quizás la única, es la confusión. Nos confunde acerca de nuestra realidad en Jesucristo, difunde mentiras y desinformación acerca de Jesús y de nosotros, para que no sepamos la verdad de quiénes somos: amados, aceptados, reconciliados, justificados, abrazados y adoptados por Dios Padre Todopoderoso en Jesucristo, incluido en el círculo de la vida Trina. Y la confusión acerca de quiénes somos en Jesucristo significa que creemos que no somos amados, no aceptables, no reconciliados, no justificados, no abrazados, no adoptados. La confusión solo significa que creemos que no estamos incluidos en el círculo de vida que Jesús comparte con su Padre en el Espíritu, que estamos perdidos, vacíos, solos. Y es imposible que nos quedemos quietos en este estado de cosas. De hecho, ninguno de nosotros *está* sentado quieto.

Estamos en la persecución de lo que creemos que nos hará amados, encontrados, aceptables, plenos, hogar. O hemos llegado a la conclusión de que todo es imposible y nos hemos vuelto cínicos enojados, frustrados, deprimidos y desesperados.

El eclipse de nuestra verdadera identidad como coherederos con Jesucristo en su vida con su Padre nos deja irresistiblemente vulnerables a cada deslumbrante sugerencia del engañador. "Lo que buscas está aquí. Está en esta persona, en este trabajo, en este logro, en esta cantidad de dinero, en esta iglesia, en esta religión, en este club, en esta aventura, en este viaje, en esta casa, en esta relación". Y nos vamos personal y corporativamente a la esclavitud, a la búsqueda precipitada de nuestros ídolos secretos, esas cosas que creemos que nos darán identidad, significado y vida. Corremos a abrazarlos y están vacíos, y aun cuando comenzamos a sospechar que están vacíos, nos levantamos y los abrazamos de nuevo. Porque no hay nada más, o eso parece.

La vida buena y gloriosa de Jesucristo en nosotros, su paz y su alegría, su libertad floreciente, quedan así sofocadas. Pero aún más que esto, su vida buena y gloriosa en nosotros es mal utilizada, explotada parasitariamente, para producir caos: ira, ira, malicia, codicia, lujuria, calumnias, celos, odio, ansiedad.

La táctica del maligno es simple: Ciega a los seres humanos de su verdad en Jesucristo, oscurece su entendimiento y confunde su percepción espiritual de su verdadera identidad. "Porque si no conocen su verdadera identidad en Cristo, serán impulsados a encontrarla en otro lugar. Una vez que malinterpretan la fuente y el secreto de su existencia en Cristo, automáticamente piensan que vienen de otra parte, que la vida del hogar está en la gente, la posición, las cosas, los acontecimientos. Entonces los tenemos. Como un ave martín a una calabaza[6], cumplirán todas las promesas que les hagamos. Y quedarán completamente vacíos, miserables, rotos, devastados".

La respuesta, el camino a casa, es, como insiste la Biblia, la *fe* en Jesucristo. No hay botones secretos que pulsar, ni elixires mágicos que tomar, ni pociones especiales, ni cánticos que recitar ni encantamientos que manejar. No hay anillos decodificadores o clases teológicas esotéricas para tomar y no hay principios mecánicos para aplicar a nuestras vidas. No se trata de ser miembro de una iglesia, bautismo en agua o ser religioso. La respuesta es fe, y fe significa no confundirse, ver claramente, descubrir y conocer la realidad en Cristo, abrazarla, reconocerla, amarla, responder a Jesucristo con un serio, sincero y continuo "*¡Amén!*".

La fe en Jesucristo significa fe en el hecho de que Él está en el Padre, que tiene una relación real y correcta con Dios Padre Todopoderoso.

Significa fe en el hecho de que me ha incluido en esta relación. Y significa fe en el hecho de que soy partícipe de su vida, que él es mi Señor, salvador, salvación, mi vida, mi hogar.

Y la fe en este Jesús, no el Jesús religioso de los iconos o el Jesús impotente de la Iglesia moderna, sino el Jesús en quien tenemos

---

6 Las calabazas se han utilizado para hacer casas para el ave martín púrpura durante siglos. Los nativos americanos solían colgarlos para atraer a los aviones a sus asentamientos para ayudar a controlar los insectos. (N del T)

una relación real con el Padre, la fe en este Jesús produce libertad para la vida.

Creer en este Jesús significa que ya no nos vemos perdidos, sino encontrados; que ya no nos creemos alienados o vacíos, sino reconciliados y llenos. Y esta fe no produce desesperanza ni ira, ni lujuria ni avaricia ni necesidad, sino paz, confianza, seguridad y gozo.

Creer en este Jesús significa creernos conocidos, aceptados y queridos por el mismo Padre. ¿Y qué nos sucede a nosotros y en nosotros cuando nos encontramos con tal aceptación Divina? ¿Qué sucede en nosotros cuando nos creemos estar en casa con el Padre? ¿Estamos sumidos en la esclavitud? ¿Estamos abrumados por el miedo y la ansiedad? ¿Nos convertimos en androides religiosos? ¿Nos volvemos adictos al trabajo, materialistas, adictos sexuales, asesinos, chismosos? ¿Estamos esclavizados por la multitud? No. Nos encontramos liberados, protegidos de las mismas cosas que nos esclavizaban. Encontramos una nueva libertad de la tiranía del trabajo, la codicia y la lujuria, una nueva libertad de la necesidad de la aprobación de los compañeros. Nos encontramos en paz y jugando al golf en el reino, llenos de alegría y esperanza, libres para mirar en el alma de nuestros hijos y compartir la vida con ellos, libres para descansar, libres para amar, libres para ser quienes somos. Nos encontramos floreciendo.

El problema para nosotros es que hemos sido engañados y creemos en el engaño. Creemos que no tenemos hogar y, por lo tanto, estamos impulsados a encontrar un hogar. Continuamos abrazando lo incorrecto, y así reprimimos la vida que tenemos en Jesucristo. Nuestro pensamiento y comprensión deben sufrir un cambio radical. Nuestra creencia oscurecida debe ser iluminada.

Debemos ser destetados de nuestra fe en nosotros mismos, en otras personas, cosas e ideas.

Si este fuera el final de la historia, sería un triste estado de cosas, porque nos quedaríamos solos para escapar del engaño de alguien que es mucho más poderoso que nosotros. Pero fíjate bien que nunca podría ser así. Este mundo pertenece a la Santísima Trinidad, creado, reconciliado y dado el asombroso don de la participación en la vida Triuna de Dios. Este Dios está en movimiento, obrando incansable y apasionadamente en todos los rincones de la creación, guerreando contra el engañador, educando pacientemente nuestras almas, exponiendo nuestras falsas creencias y nuestro sofocante y adormecedor servicio a los ídolos, para que podamos conocer la verdad, para que la vida de Jesucristo pueda florecer en plenitud sin trabas en nosotros.

Jesucristo no es sólo el mediador de la existencia y de la vida; él es el verdadero testigo, el gran profeta y evangelista, el buen pastor. Él ve nuestras falsas creencias, nuestra idolatría y nuestra esclavitud a la nada. Él ve nuestra confusión y la explotación parasitaria y cobarde de su vida gloriosa en nosotros. Él sabe que no somos libres de abandonar a nuestros ídolos hasta que veamos la verdad de que Él es nuestro hogar. Él sabe que somos impotentes para iluminarnos a nosotros mismos. Es su batalla. Y no es un guerrero reacio. Tampoco está mal equipado para la batalla. Él nos involucra en el Espíritu Santo en un proceso de iluminación espiritual que dura toda la vida.

Esta es la verdadera historia de nuestras vidas ahora. Por un lado, podemos ver nuestra vida como un confuso intento tras otro de construir un *hogar* para nosotros mismos. Pero por otro lado, nuestra vida ahora es el proceso por el cual Jesucristo lucha con nosotros en nuestra oscuridad, iluminando nuestra percepción, para que podamos ver que él es nuestro hogar. La historia, tanto personal como corporativa, se trata de educación espiritual. Jesucristo nos está educando en el Espíritu. Él nos está trayendo a saber que Él es nuestro verdadero hogar, para que podamos ver que Él es lo que realmente buscamos, con el fin de que libre y voluntariamente podamos abandonar todo pretendiente deslumbrante y abrazarlo con todo nuestro corazón.

Si alguna vez ha escrito un poema o un ensayo o incluso una carta larga, entonces tiene una ilustración lista para usar de este proceso de iluminación bajo Jesucristo. Una poetisa se sienta en su escritorio y se esfuerza por articular una idea. Una y otra vez saca el papel de la máquina de escribir, lo arruga y lo tira a la basura, descontenta con la forma particular de expresión. Esto sucede una y otra vez hasta que la expresión es correcta. ¿Pero por qué? O, quizás más exactamente, ¿cómo puede suceder este proceso? ¿Quién le dijo que tal o cual frase no estaba del todo bien? ¿Quién le dijo que empezara de nuevo? ¿Cómo sabe ella que lo que acaba de escribir no es la manera de decirlo? ¿Cómo sabe ella cuándo está bien?

Hay un conocimiento más profundo en el trabajo aquí, un conocimiento espiritual mucho más real que el poema mismo. Este conocimiento espiritual más profundo involucra a la mente y le presenta una visión que exige ser articulada. Guía y dirige la mente, escudriñando y evaluando cada pensamiento y giro de frase. Y se regocija cuando la mente empieza a comprender y a ver la luz. Alaba y honra el giro de la frase que lo lleva a la forma verbal.

Ahora, toma esta imagen del proceso poético y piénsalo en términos de tu propia vida, extiéndelo durante unos ochenta años y lo tendrás. Jesucristo es el conocimiento más profundo que obra dentro de cada uno de nosotros. En el secreto y la invisibilidad del Espíritu, nos presenta una visión del hogar. Él nos da una idea de quiénes somos en realidad. ¿Y qué pasa entonces? ¿Nos alejamos y seguimos con nuestros asuntos? No. Nace el sueño inconsolable. Pasamos el resto de nuestras vidas nostálgicos, pasando de una cosa a otra en la búsqueda frenética de nuestro verdadero hogar. Como dijo Agustín hace mucho tiempo: "Nos has hecho para Ti y nuestro corazón está inquieto hasta que descanse en Ti"[7].

Esto es lo que está sucediendo en cada uno de nosotros. Tenemos un hogar en Jesucristo. Somos partícipes de su vida y gloria. Pero estamos profundamente confundidos y, sin darnos cuenta, trabajamos contra nuestra propia vida. Pero Jesucristo es la Palabra de Dios. Él continua e ineludiblemente se dirige a nosotros en la verdad.

La revelación de nuestro hogar en Jesús nos escudriña y juzga. Penetra nuestras fachadas y expone lo que estamos tratando desesperadamente de llamar "gloria" y alabar y ensalzar como "la buena vida" como algo vacío y aburrido, solo una sombra de verdadera gloria y bondad. Nos dice que hay más, mucho más, que somos más.

La revelación del hecho de que tenemos un hogar en Jesucristo se traduce en una persistente insatisfacción con el *statu quo*, en un profundo descontento con la mera existencia, y nos involucra en una búsqueda tranquila pero incesante de la plenitud. ¿Cómo puedes contentarte con efímeros elogios humanos cuando has oído la noticia de tu adopción por Dios Padre Todopoderoso? No puedes.

---

7 *Las confesiones de San Agustín*, traducidas por F. J. Sheed (Londres: Sheed and Ward, novena impresión, 1978), libro I.i.

¿Cuál es el malestar que sentimos en la vida, la perturbación, la sensación de ser escudriñados? ¿Por qué jugar al golf de repente se ha vuelto aburrido? ¿Por qué es que trabajar por dinero se ha vuelto sin sentido, que el matrimonio, el título obtenido con tanto esfuerzo, la pérdida de peso, las vacaciones, la iglesia, realmente no han hecho por nosotros lo que esperábamos? ¿Por qué la aventura sexual ahora es insatisfactoria? ¿Por qué se ha vuelto tan evidente el vacío de la mera conversación cortés? Es porque Jesucristo, la Palabra de Dios, se ha dirigido a ti y has probado tu gloria y dignidad y comunión con Dios Padre Todopoderoso en él. Has conocido el *hogar*.

www.ingramcontent.com/pod-product-compliance
Lightning Source LLC
Chambersburg PA
CBHW031237120626
46545CB00003B/1166